Descubramos
VENEZUELA

Kathleen Pohl

Consultora de lectura: Susan Nations, M.Ed.,
autora, consultora de alfabetización/consultora de desarrollo de la lectura

Gareth Stevens
Publishing

Please visit our web site at www.garethstevens.com.
For a free color catalog describing Gareth Stevens Publishing's list
of high-quality books, call 1-800-542-2595 (USA) or 1-800-387-3178 (Canada).
Gareth Stevens Publishing's fax: 1-877-542-2596

Library of Congress Cataloging-in-Publication Data

Pohl, Kathleen.
　　[Looking at Venezuela. Spanish]
　　Descubramos Venezuela / por Kathleen Pohl ; reading consultant, Susan Nations.
　　　　p. cm. — (Descubramos países del mundo)
　　Includes bibliographical references and index.
　　ISBN-10: 0-8368-9076-0　ISBN-13: 978-0-8368-9076-1 (lib. bdg.)
　　ISBN-10: 0-8368-9077-9　ISBN-13: 978-0-8368-9077-8 (softcover)
　　I. Nations, Susan.　II. Title.
　F2308.5.P6418　2009
　987—dc22
　　　　　　　　　　　　　　　　　　　　　　　　　2008018848

This edition first published in 2009 by
Gareth Stevens Publishing
A Weekly Reader® Company
1 Reader's Digest Road
Pleasantville, NY 10570-7000 USA

Copyright © 2009 by Gareth Stevens, Inc.

Senior Managing Editor: Lisa M. Herrington
Senior Editor: Barbara Bakowski
Creative Director: Lisa Donovan
Designer: Tammy West
Photo Researcher: Charlene Pinckney

Spanish Edition produced by A+ Media, Inc.
Editorial Director: Julio Abreu
Translators: Adriana Rosado-Bonewitz, Luis Albores
Associate Editors: Janina Morgan, Rosario Ortiz, Bernardo Rivera, Carolyn Schildgen
Graphic Design: Faith Weeks

Photo credits: (t=top, b=bottom, l=left, r=right, c=center)
Cover © James Sparshatt/Corbis; title page Will & Deni McIntyre/Getty Images;
p. 4 Pablo Corral V/Corbis; p. 6 James Marshall/Corbis; p. 7t Ed Darack; p. 7b
Theo Allofs/Getty Images; p. 8 Shutterstock (2); p. 9 Superstock; p. 10 Nicholas Pitt/Alamy;
p. 11t Paula Bronstein/Getty Images; p. 11b Krzysztof Dydynski/Lonely Planet Images;
p. 12 John R. Kreul/Independent Picture Service/CFWimages.com; p. 13 Pablo Corral V/
Corbis; p. 14 Kevin Schafer/Corbis; p. 15t Pablo Corral V/Corbis; p. 15b Robert Caputo/
Aurora/Getty Images; p. 16 Hisham F. Ibrahim/Getty Images; p. 17t Juan Silva/The Image Bank/
Getty Images; p. 17b David Frazier/Corbis; p. 18 Shutterstock (2); p. 19t Pablo Corral V/Corbis;
p. 19b Robert Caputo/Aurora/Getty Images; p. 20t Rita Maas/Jupiter; p. 20b Sean Sprague/Alamy;
p. 21 Marion Kaplan/Alamy; p. 22l Leslie Mazoch/AP; p. 22r Steve Starr/Corbis; p. 23 Juan Silva/
Getty Images; p. 24 Jim McIsaac/Getty Images; p. 25t Ken Welsh/Alamy; p. 25b Krzysztof Dydynski/
LPI/Getty Images; p. 26 Shutterstock; p. 27t, c David Rochkind/Bloomberg News /Landov;
p. 27b Art Wolfe/Getty Images

Printed in the United States of America

1 2 3 4 5 6 7 8 9 11 10 09 08

Contenido

Las palabras definidas en el glosario están impresas en **negritas** la primera vez que aparecen en el texto.

¿Dónde está Venezuela?

Venezuela está en la punta norte del **continente** llamado América del Sur. Tiene frontera con tres países. Guyana está al este y Brasil al sur. Al oeste está Colombia. Al norte, Venezuela tiene una costa larga en el mar Caribe. Muchas islas pequeñas son parte de Venezuela.

Caracas, la capital de Venezuela, es una ciudad grande y moderna.

Océano Atlántico

Mar Caribe

VENEZUELA

AMÉRICA DEL SUR

Océano Pacífico

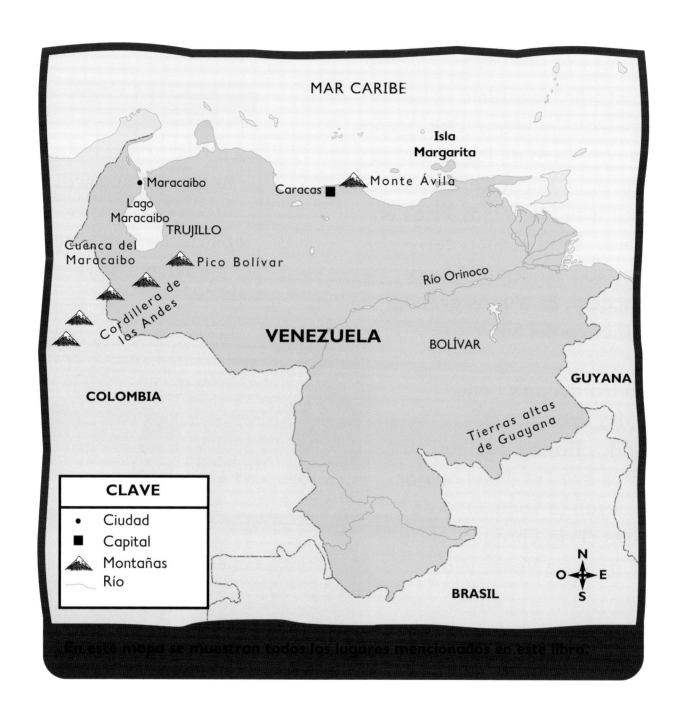

MAR CARIBE

Isla Margarita

• Maracaibo

Caracas ■ Monte Ávila

Lago Maracaibo

TRUJILLO

Cuenca del Maracaibo

▲ Pico Bolívar

Río Orinoco

Cordillera de las Andes

VENEZUELA

BOLÍVAR

GUYANA

COLOMBIA

Tierras altas de Guayana

CLAVE

- • Ciudad
- ■ Capital
- ▲ Montañas
- ⁓ Río

N
O E
S

BRASIL

En este mapa se muestran todos los lugares mencionados en este libro.

Venezuela es casi dos veces más grande que el estado de California. Caracas es la capital y la ciudad más grande. Es el centro del gobierno. Es una ciudad rica y moderna, pero ahí también vive mucha gente pobre.

El paisaje

La costa de Venezuela tiene kilómetros de playas. Dos grupos de la cordillera de los Andes se elevan en el noroeste. Entre ellos están las tierras bajas, ricas en petróleo. Es la cuenca del Maracaibo. Ahí está el lago Maracaibo. Es el más grande de América del Sur.

El centro del país tiene grandes extensiones llamadas **llanos**. No hay muchos árboles. Muchos ríos atraviesan la zona. Uno de ellos es el río Orinoco, el río más largo de Venezuela.

¿Lo sabías?

¡La cascada salto de Ángel es dos veces más alta que el edificio Empire State de Nueva York!

¡Salto de Ángel es la cascada más alta del mundo! Muchas personas de otros países vienen a verla.

Estas formaciones rocosas de cima plana se llaman tepuy.

El **capibara** es el roedor más grande del mundo. Parece un conejillo de Indias grande. El capibara vive cerca de pantanos y lagos.

En las tierras altas de Guayana, en el sureste, hay muchos **tepuy**. Son formaciones de roca de cima plana. Ahí también está el salto de Ángel. ¡Es la cascada más alta del mundo! La **selva tropical** cubre el sur. Ahí viven muchos tipos extraños de plantas y animales.

Clima y estaciones

Venezuela tiene clima **tropical**. Hace calor en las zonas bajas. Las montañas son más frescas. La nieve cubre algunos picos de los Andes todo el año. El clima en Caracas es cálido. Caracas está en un valle entre las montañas cerca del mar. Un valle es una zona baja entre montañas.

Caracas está al pie del monte Ávila. Las lluvias fuertes a veces provocan deslaves de lodo en las laderas.

En la costa hay hermosas playas con arena y palmeras.

La cima nevada del Pico Bolívar se eleva al cielo.

Hay dos estaciones, una húmeda y otra seca. La estación seca es de noviembre a mayo. La húmeda es de junio a octubre. Sobre todo llueve en las montañas y los densos bosques del sur. En la costa, el clima es casi seco.

La estación seca en los llanos dura muchos meses. Durante la estación húmeda, los ríos a veces se desbordan.

¿Lo sabías?

El Pico Bolívar es el más alto de Venezuela. Es uno de los pocos lugares donde nieva.

Los venezolanos

En Venezuela viven 24 millones de personas. Muchos de ellos son ricos gracias al petróleo. Muchos otros son de la clase media. Tienen buenos trabajos, toman vacaciones y viven y se visten bien. Pero, una de cada tres personas es pobre.

Los caribe y los arawak fueron los primeros pueblos de Venezuela.

¿Lo sabías?

A muchos padres venezolanos les gusta ponerles nombres poco usuales a sus hijos. A veces son nombres de personas famosas. A veces combinan dos nombres o los escriben diferente.

Una mujer reza con un rosario. Es católica romana, como casi todos en Venezuela.

Unas niñas en vestidos tradicionales bailan en un festival.

Después, España gobernó el país durante 300 años. Los españoles trajeron esclavos negros. Hoy, casi todos los venezolanos son mestizos.

El español es el idioma principal. Algunas personas también hablan inglés. En aldeas lejanas, aún algunos grupos hablan su idioma nativo.

En Venezuela casi toda la gente es de religión católica romana. Algunos son protestantes. Hay muy pocos judíos y musulmanes.

Escuela y familia

Los niños entre 6 y 15 años de edad tienen que ir a la escuela. Los más jóvenes van a preescolar. Hay escuelas públicas gratuitas para todos. En el campo, algunos niños van a escuelas de un solo salón.

En la primaria, los niños aprenden a leer, escribir y hacer matemáticas. También aprenden historia y ciencias.

Esta familia disfruta de un paseo en un parque. La mayoría de las familias son grandes.

Después, algunos van a escuelas de oficios para aprender destrezas nuevas. Otros van a la universidad. Nueve de cada 10 venezolanos de 15 años o más saben leer y escribir.

La mayoría de las familias son grandes. A veces hijos, padres y abuelos viven en la misma casa. La familia es parte importante de la vida. Los parientes se reúnen para celebrar bodas, cumpleaños y fiestas.

Vida rural

Una de cada 10 personas vive en el campo. Muchas son dueños o **alquilan** granjas pequeñas. Cultivan lo suficiente para sus familias. Las cosechas incluyen frijol, maíz y arroz. En granjas grandes, o **plantaciones**, se cultivan café, cacao, caña de azúcar y frutas para vender.

En los llanos, los rancheros cuidan manadas grandes de ganado. Crían reses y vacas lecheras. En la costa, personas pescan atún, cangrejo, almejas y camarones.

Los granos de café en estos árboles están casi maduros. Se recolectan a mano.

Este pescador en el río Orinoco usa una canoa tallada.

Muchas personas que viven en el campo o en aldeas pequeñas son pobres. Algunos no tienen agua ni luz. El gobierno tiene programas para ayudar a mejorar sus vidas.

Vida urbana

En los últimos 60 años, muchas personas se han ido a trabajar a las ciudades. Hoy, casi todos viven en ciudades. La mayoría de las ciudades están en el norte, cerca del mar. Están muy pobladas. Las calles están llenas de autos y camiones.

Árboles, parques y plazas...

La ropa de un mercado en la calle atrae a esta compradora.

Mucha gente usa el metro en Caracas. Los trenes viajan bajo tierra.

En Caracas y sus alrededores viven más de 4 millones de personas. Muchas son pobres. Viven en chozas, llamadas **ranchos**, en las orillas de la ciudad. Esta capital moderna tiene casas nuevas, edificios altos y un aeropuerto grande. En las calles hay restaurantes, tiendas y museos.

Maracaibo es la segunda ciudad más grande de Venezuela. Sólo en Caracas hay más personas. Maracaibo también es un puerto importante. Productos como el café, la piel y el chocolate salen de ahí a otros países. Pero la riqueza de Maracaibo viene de los campos petroleros cercanos.

Casas venezolanas

En las ciudades, muchas personas de clase media viven en edificios de apartamentos. Algunos de ellos tienen balcones.

Muchos ricos tienen casas grandes con jardines bonitos. Los cuartos están alrededor de un patio. Las casas tienen techos de teja y paredes de colores brillantes.

Faltan viviendas en Venezuela. Se necesita más de 1 millón de casas nuevas para las ciudades sobrepobladas. El gobierno ha prometido construir casas de bajo costo.

La casa de estilo español tiene techo de teja.

Los ranchos invaden las colinas fuera de Caracas. Los pobres usan restos de madera para sus casas.

En poblados en las orillas de las ciudades, los pobres viven en ranchos de un cuarto. Los ranchos tienen paredes de lodo y pisos de tierra. Hay ranchos hechos de restos de madera. Muchos tienen **techos de palma**.

Sobre la costa y a lo largo del río Orinoco, muchas casas están sobre pilares. Los pilares mantienen las casas arriba del agua.

¿Lo sabías?

El nombre de *Venezuela* significa "pequeña Venecia". Los primeros españoles pensaron en Venecia, Italia al ver las casas sobre el agua, como en Venecia.

Muchas personas a lo largo del río Orinoco construyen sus casas sobre pilares. Los postes altos mantienen las casas arriba del agua.

Comida venezolana

Los venezolanos comen mucho arroz y frijoles. También les gustan las **arepas**. Las arepas son panecillos suaves de maíz rellenos de huevo, carne o queso. La mayoría de los venezolanos también comen carne, pollo, pescado y frutas. Toman mucho café. El café es uno de los productos principales del país.

Las arepas parecen panqueques de maíz. Se pueden rellenar con carne o queso como un tipo de sándwich.

Los granos de café maduros se llaman "cerezas" porque son rojos.

En el mercado se vende pescado fresco del río Orinoco. El pescado se sirve con arroz o en cocidos.

El almuerzo es el alimento principal. A menudo incluye sopa, ensalada, carne, vegetales y postre. Después de comer, mucha gente duerme una **siesta**. Luego regresan a trabajar o a la escuela. Por la noche por lo general cenan ligero.

Los venezolanos compran la comida en tiendas o mercados. Diferentes partes del país son conocidas por su comida. Por ejemplo, Trujillo es famoso por sus pasteles. Bolívar es conocido por sus sabrosos cocidos de pescado.

¿Lo sabías?

Las **hallacas** son un plato especial en Navidad. Son pastelillos de maíz rellenos de carne, puerco, pollo y especias. Los pastelillos se envuelven en hojas y después se hierven.

El trabajo

El petróleo es el **recurso natural** más importante de Venezuela. Un recurso natural es algo que la naturaleza da y la gente lo usa en la industria. El petróleo es lo que Venezuela más **exporta**, o vende a otros países. Muchas personas trabajan en los campos de petróleo.

¿Lo sabías?

Estados Unidos compra mucho petróleo de Venezuela para usar en casas, autobuses y autos.

En las **refinerías**, como ésta, el petróleo se convierte en gasolina y otros productos.

Algunos campesinos usan equipos modernos para cosechar el arroz. Es una de las cosechas más importantes de Venezuela.

Algunas personas trabajan en la minería. Venezuela es rica en carbón, hierro y oro. Un décimo de los trabajadores son campesinos. Otros pescan. Algunos trabajan en la industria **maderera**.

Algunas personas trabajan en servicios. Trabajan en tiendas, bancos, oficinas y museos. Otros son doctores, enfermeras o maestros. Mucha gente que trabaja en **turismo** lo hace en hoteles y restaurantes. También pueden ser guías de turistas o trabajar en parques nacionales.

La diversión

Los venezolanos disfrutan de los deportes, sobre todo el béisbol y el fútbol. Juegan en las calles y en las escuelas. Van a los estadios a ver a los equipos profesionales. En algunas ciudades, el toreo es popular. A mucha gente también le gusta el tenis o visitar las montañas.

Los venezolanos y los turistas pasean en balsa en el río Orinoco. Los lagos del país son buenos sitios para nadar, esquiar y pescar. Mucha gente también monta a caballo en los Andes o los llanos.

A los niños les gusta jugar béisbol. Juegan en equipos de jóvenes, igual que en Estados Unidos.

Unos turistas disfrutan de un paseo en canoa en uno de los parques nacionales.

Músicos tradicionales cantan para su público en un pueblo de los Andes.

A los jóvenes les gusta bailar en los centros nocturnos. ¡La **salsa** es un baile con mucho ritmo! En festivales populares, los músicos tocan una guitarra de cuatro cuerdas llamada un **cuatro**. Tocan las **maracas** hechas de calabazas secas.

El Carnaval es una fiesta importante de Venezuela. Durante el festival de cuatro días, muchos negocios cierran. La gente celebra con baile, música, globos y desfiles.

Venezuela: Datos

• Venezuela es una **república** federal. El gobierno nacional y los estados tienen poderes separados. Autoridades elegidas representan a la gente.

• Los ciudadanos pueden votar a partir de los 18 años.

• Los venezolanos eligen a un presidente por 6 años. El presidente puede ser elegido por otro período. El presidente es la cabeza del gobierno nacional.

• España gobernó Venezuela por 300 años. Obtuvo su independencia, o libertad, en 1811.

La bandera de Venezuela tiene tres franjas. La superior es amarilla. La azul del medio tiene 8 estrellas blancas. La franja inferior es roja.

• El nombre oficial de Venezuela es la República Bolivariana de Venezuela. Simón Bolívar fue uno de los líderes de la lucha por la libertad de Venezuela.

• El español es el idioma oficial de Venezuela.

Izquierda: La moneda es el **bolívar fuerte**. Recuadro: Se usa de nuevo la moneda de 12.5 centavos.

Una ranita sale de una orquídea. La rana y la flor viven en la calurosa y húmeda selva tropical.

Glosario

alquilan — que pagan dinero a un dueño por usar una casa o apartamento

arepas — panecillos suaves de maíz rellenos de carne, huevo o queso

bolívar fuerte — la moneda de Venezuela

capibara — un roedor grande que puede crecer más de un metro

continente — una de las grandes extensiones de tierra

cuatro — una guitarra venezolana de cuatro cuerdas

exporta — que se venden productos y se envían a otro país

hallacas — pastelillos de maíz rellenos de carne y especias, envueltos en hojas y hervidos

llanos — grandes planicies pastosas en medio de Venezuela

maderera — industria de árboles y la madera para construir

maracas — calabazas secas con semillas adentro que suenan cuando se agitan

plantaciones — granjas grandes donde trabajadores cultivan una cosecha

ranchos — chozas de una habitación hechas de desperdicios por los pobres en Venezuela

recursos naturales — algo que la naturaleza ofrece, como bosques y minerales, que usan las personas

refinerías — áreas de torres, tubos y bombas donde el petróleo se convierte en gasolina y otros productos

república — una forma de gobierno en que las decisiones las toma el pueblo de un país y sus representantes

salsa — un baile rápido y rítmico popular en muchos países de América Latina

santo patrono — un santo que se piensa protege a una persona o lugar

selva tropical — un bosque denso, de clima cálido donde árboles altos forman un dosel sobre otros árboles y plantas

siesta — sueño que se toma después de comer

techo de palma — tejido de pasto, hojas de palma o paja

tepuy — formación rocosa de cima plana en la tierras altas de Guayana

tropical — con clima caluroso y húmedo

turismo — la industria de servir al turista o personas que viajan por placer

Para más información

Embassy of Venezuela in the United States
www.embavenez-us.org

Fact Monster: Venezuela
www.factmonster.com/ipka/AO108140.html

Travel the World with A to Z Kids Stuff
www.atozkidstuff.com/ven.html

Zoom Rainforests
www.zoomschool.com/subjects/rainforest

Nota del editor para educadores y padres: Nuestros editores han revisado meticulosamente estos sitios Web para asegurarse de que sean apropiados para niños. Sin embargo, muchos sitios Web cambian con frecuencia, y no podemos asegurar que el contenido futuro de los sitios seguirá satisfaciendo nuestros estándares altos de calidad y valor educativo. Se le advierte que se debe supervisar estrechamente a los niños siempre que tengan acceso al Internet.

Mi mapa de Venezuela

Fotocopia o calca el mapa de la página 31. Después escribe los nombres de los países, extensiones de agua, ciudades, provincias y territorios que se listan a continuación. (Mira el mapa que aparece en la página 5 si necesitas ayuda.)

Después de escribir los nombres de todos los lugares, ¡colorea el mapa con crayones!

Países
Brasil
Colombia
Guyana
Venezuela

Extensiones de agua
lago Maracaibo
mar Caribe
río Orinoco

Ciudades
Caracas
Maracaibo

Áreas de tierra y montañas
cordillera de los Andes
cuenca del Maracaibo
Isla Margarita
Pico Bolívar
tierras altas de Guayana

Islas
Bolívar
Trujillo

Índice